Spielen heißt Lernen!

Fünf Überzeuger-Poster für die erfolgreiche Elternarbeit in Krippe und Kindergarten

Inhalt

Gute Pädagogik braucht gute Argumente!

Was macht einen guten Kindergarten aus? Aus Sicht vieler Eltern lässt sich die Qualität eines Kindergartens vor allem an der Anzahl an Zusatzangeboten messen: Kindergärten, bei denen schon auf der Homepage viel von Englischkursen, Computerraum oder Mathe-Projekten zu lesen ist, können oft mit hohem Interesse rechnen. „Da soll mein Kind auch hingehen!" Weniger attraktiv: Häuser, die damit werben, dass die Kinder viel Zeit für Freispiel und kreative Entfaltung haben. Man könnte daran verzweifeln: Was nach fachlichem Kenntnisstand die gute Arbeit einer Kita ausmacht – zum Beispiel intensives Beobachten der Kinder oder ein ihren Bedürfnissen angemessener Tagesablauf – können viele Eltern nicht wahrnehmen. Um eine solche gute Arbeit wertschätzen zu können, fehlt ihnen schlichtweg der Einblick in aktuelle pädagogische Diskussionen.

Was tun, außer darüber zu klagen oder sich wider besseren Wissens zu bemühen, den hochgesteckten Ansprüchen der Eltern entsprechende Zusatzangebote zu machen? Unsere Überzeugung ist: Dafür kämpfen, dass gute Pädagogik wahrgenommen und verstanden wird. Mit diesem Heft und den fünf Postern möchten wir dazu aufrufen, sich durch solche Erwartungen der Eltern nicht in die Defensive bringen zu lassen.

Gewiss ist es richtig, die Bedürfnisse der Eltern bei der Erziehung ihres Kindes im Kindergarten zu berücksichtigen. Aber das kann ja wohl nicht bedeuten, dass wir darauf verzichten, Eltern von unserem Standpunkt zu überzeugen: Schließlich wissen wir Pädagogen, was eine kindgerechte Pädagogik auszeichnet und auf welche Weise man Bildungsprozesse initiieren kann. Eltern wissen das in aller Regel nicht, woher auch? Vater und Mutter wird man nicht durch eine Ausbildung; Erzieherin oder Erzieher schon.

Erzieher gegen Eltern? Als einen Aufruf zum Gerangel unter Erziehungspartnern möchten wir dieses Material nicht verstanden wissen. Im Gegenteil: Unser Eindruck ist, dass Erzieherinnen viel zu oft eine aus dem Auftrag zur Erziehungspartnerschaft resultierende Pflicht vergessen. Man könnte sie die „Überzeugungspflicht" nennen: Eltern haben ein Anrecht darauf, von uns etwas darüber zu erfahren, wie man die Entwicklung ihres Kindes fördern kann. Sie haben ein Anrecht darauf, durch uns von unserem Wissen über gute Pädagogik überzeugt zu werden.

Unsere Poster und dieses Heft bieten Ihnen das nötige Werkzeug zum Überzeugen: Argumente. Manche sind schnell zu verstehen und überzeugen leicht, bei anderen müssen wir mit längerem Nachdenken des Gegenübers rechnen. Aber so ist es nun mal: Gute Pädagogik besteht nicht nur aus Schlagworten und einfachen Lösungen für komplizierte Erziehungsfragen, sondern entwickelt sich aus einem Mix aus Fachwissen und der richtigen Haltung dem Kind gegenüber. Es kann dauern, bis sich Eltern unseren Standpunkt angeeignet haben. Helfen wir ihnen dabei, so gut es geht!

Antje Bostelmann und Michael Fink, Januar 2010

Von A bis Z: Eltern-Überzeugungs-Kampagnen

Fünf Poster und eine Kampagne zum Überzeugen

Unser Material enthält Poster, die Argumente für alltägliche Bildungsmomente liefern. Einfach aushängen und gucken, ob sich die Eltern damit beschäftigen? Könnte man machen, wird aber wahrscheinlich wenig bewirken.

Unser Ziel ist schließlich, den Eltern eine andere Sicht auf die Dinge zu vermitteln. Wir wollen sie dazu bringen, ihre bisherige Ansicht über Pädagogik zu überprüfen und vielleicht entscheidend zu verändern. Dafür liefern die Poster gute Denkanstöße – aber über diesen Anstoß hinaus müssen wir die zu überzeugenden Eltern begleiten.

Wir plädieren dafür, das Aufhängen der Poster als Teil einer Art Kampagne zu begreifen. So könnte man das machen: Jedes der Poster wird für einen Monat ausgehängt und in dieser Zeit ist das Thema des Posters Schwerpunkt in unserer Einrichtung – zum Beispiel beim Elternabend und in Gesprächen mit den Eltern, aber auch in Form von Dokumentationen unserer Arbeit speziell zu diesem Punkt.

Genau wie große, professionelle Kampagnen mit einer gezielten Pressearbeit Argumente zur Diskussion stellen, um Überzeugungen zu vermitteln, können wir im Kindergarten durch das Initiieren von Gesprächen und der Vermittlung von Informationen das Interesse der Eltern wecken und sie zum Nachdenken über unsere Argumente bringen.

Aufhängen

Welche Stelle eignet sich in unserer Einrichtung besonders gut? Wo kann man stehen bleiben und lesen, ohne im Weg zu stehen, vielleicht sogar zu mehreren? Über die Platzierung der Poster sollte ebenso gründlich nachgedacht werden wie über eine geeignete Präsentation: Im Bilderrahmen? Mit einem farbigen Hintergrund-Papier? Wie wird allen klar, dass uns dieses Poster diesen Monat wichtig ist?

Belesen

Weiß ich genug über das dargestellte Thema? Wenn wir ein Poster aufhängen und die Thematik für die nächste Zeit in den Mittelpunkt des allgemeinen Interesses stellen wollen, sind Fragen der Eltern zu erwarten. Wir Pädagogen* müssen uns eine umfassende Meinung gebildet haben, um klar antworten zu können, was wir uns zu diesem Thema alles vorgenommen haben!

Dokumentationen erstellen

Wo kann überall Mathe-, Schreib-, Kreativitäts- oder andere Förderung drinstecken? Diese Frage beantworten die Poster.

Was haben wir konkret dazu angeboten, unternommen, gestaltet? Diese Frage sollten wir in Form von Dokumentationen aus dem Alltag illustrieren und erläutern.

* Um den Lesefluss nicht zu behindern, haben wir im Fließtext mal die weibliche, mal die männliche Form gewählt. Es dürfen sich aber immer beide Geschlechter angesprochen fühlen.

Elternabend planen und durchführen

Beim Elternabend kurz berichten, worum es beim Thema des Monats geht? Das reicht meistens nicht aus: Der mündliche Vortrag ist nicht nur bei Kindern keine Methode, die tiefer greifendes Verstehen bewirkt.

Wirkungsvoller sind stattdessen neben Vorträgen mit Bildmaterial Spiele und Übungen, bei denen Eltern selbst erfahren können, auf welche Weise wir Kindern bestimmte Themen zugänglich machen!

Fragensammlung initiieren

Was interessiert unsere Eltern in Bezug auf das Thema des Monats am meisten? Sinnvoll ist eine Fragensammlung, etwa in der folgenden Form:

Liebe Eltern,
im kommenden Monat geht es bei uns um das Thema „Mathematik". Wir möchten Ihnen in diesem Monat vermitteln, auf welche Weise wir die folgenden, aus unserem gültigen Bildungsprogramm stammenden Ziele mit mathematischem Schwerpunkt anvisieren: (...)
Gerne möchten wir Ihnen auf unserem kommenden Elternabend einen Einblick in das Thema geben. Damit wir gut diskutieren können, bitten wir Sie um Ihre Fragen, die Sie bitte auf der Pinnwand hinterlassen...

Literatur auslegen

Dazu möchte ich gerne etwas lesen! Manche Eltern möchten in die Materie tiefer einsteigen als andere. Wie wäre es mit einem Büchertisch – vielleicht in der Nähe des Posters – mit einer Auswahl an Fachbüchern und Zeitschriftenartikeln, vielleicht sogar mit einer Liste zum Entleihen der Bücher durch Eltern?

Mitstreiter suchen

Eltern als Mitstreiter sind immer gerne gesehen. Viele Eltern brauchen das Gefühl, an der Bildungsarbeit des Kindergartens unterstützend mitwirken zu können. Eine gute Variante sind von den Erziehern ausgewählte Spielvorschläge, mit denen Eltern ohne großes pädagogisches Fachwissen Inhalte der Bildungsarbeit des Kindergartens fortführen können: Wie wäre es mit „Ich sehe was, was du nicht siehst, und das ist dreieckig" als heimische Fortführung erster Geometrie-Begegnungen im Kindergarten?

Projekte durchführen

Jederzeit ist Mathezeit, Spielzeit ist immer Lernzeit. Obwohl alle Themen, die hier in der Postermappe vorgestellt werden, den Alltag im Kindergarten kontinuierlich durchziehen, ist es durchaus sinnvoll, gerade jetzt ein Projekt anzubieten, in dem das jeweilige Thema intensiv bearbeitet wird: Parallel zur Aushängung des Posters zum Thema Spiel können wir mit den Kindern ein Projekt zum Thema „Spiele aus aller Welt" anbieten.

Raumgestaltung überprüfen

Passend zum Monatsthema ist es sinnvoll, das Raumkonzept kritisch zu überprüfen: Was könnte man noch verbessern, um die Ziele des Monatsthemas optimal zu erreichen? Gerade jetzt dürfte die Bereitschaft der Eltern, an Veränderungen aktiv mitzuwirken, größer sein als sonst.

Spenden sammeln – aber gezielt!

Ist unsere Ausstattung in Bezug auf das aktuelle Bildungsthema komplett und perfekt? Oder gibt es noch Dinge, die Eltern beschaffen und zur Verfügung stellen könnten? Die Gelegenheit ist günstig: Wenn wir im kommenden Monat das Thema „Begegnung mit Schrift" in den Mittelpunkt des allgemeinen Interesses stellen, ist es leichter als sonst, von Eltern den benötigten PC oder die alte Schreibmaschine gespendet zu bekommen. Eine klar formulierte Spendenbedarfsliste hilft dabei, dass wirklich nur von uns benötigte Dinge im Kindergarten landen!

Zielstellungen verdeutlichen

Habt ihr euch selbst ausgedacht, dass dieses Thema wichtig ist? Eltern möchten oft wissen, inwieweit die Bildungsarbeit des Kindergartens auf gesellschaftliche Erfordernisse abgestimmt ist. Es ist bei jedem Poster-Thema sinnvoll, die damit korrespondierenden Anforderungen aus dem in Ihrem Bundesland gültigen Bildungsprogramm herauszusuchen und in kopierter Form auszuhängen.

So viele Fragen — und die Antworten dazu

Eltern wollen das Beste für ihr Kind, aber sie wissen oft nicht, wie das Beste aussieht: Gerade wenn Pädagoginnen ein ambitioniertes, zeitgemäßes Pädagogik-Konzept umsetzen wollen, haben sie die Eltern nicht automatisch auf ihrer Seite. Als Nicht-Pädagogen wollen sie erst einmal informiert und überzeugt werden, was damit bezweckt wird und ob sich die neue Idee logisch und sinnvoll anhört. Klar, dass ihre Ansichten über Pädagogik oft erst einmal laienhaft und furchtbar konservativ daher kommen: Wer hätte es den Eltern auch bisher vermitteln können, wie eine zeitgemäße Förderung von Kindern aussieht? Man könnte also sagen: *Die haben ja keine Ahnung – aber genau das ist ihr gutes Recht!*

Elternsein geht oft mit Unsicherheit einher. Mache ich alles richtig? Machen die Pädagogen meines Kindes alles richtig? Das „gute Gefühl", das man dabei so oft anführt, hilft hier nicht immer: Ein vertrautes Gefühl haben Eltern oft, wenn sich die Vorgehensweise der Erzieher so ähnlich anfühlt wie in der eigenen Kindheit, während Neues eher ein unsicheres Gefühl bewirkt. Wer aber nicht sicher ist, ob er eine neue Sache gut finden kann oder nicht, muss mit Fragen nerven, bis er überzeugt ist.

Hinter vielen der so nervigen kritischen Anmerkungen und Forderungen der Eltern steckt also die Aufforderung an uns, sie mit unseren Argumenten zu überzeugen.

Wir haben auf den folgenden Seiten Fragen, Anmerkungen, Erklärungsbedarfe der Eltern gesammelt – und Antworten überlegt: Nicht, um sie dann auswendig zu lernen und aufzusagen. Aber zum Nachlesen, Nachdenken und Erweitern, um dann auf dieser Basis die Eltern mit eigenen Argumenten zu überzeugen.

Spiel-Fragen

In letzter Zeit gab es fast nur Freispiel. Wo bleiben die richtigen Angebote?

Vielleicht ist es der Name, der einen falschen Eindruck erzeugt: Freispiel klingt so nach Freizeit. Und für den, der lange die Schulbank gedrückt hat, ist Freizeit wahrscheinlich immer ein Gegensatz zu Arbeiten und Lernen. Aber der Begriff „Freispiel" meint nur, dass die Kinder nicht direkt zu bestimmten Handlungen angeleitet werden, wie es beim Gesellschaftsspiel oder Regelspiel der Fall ist, sondern sie selbst die Regie darüber haben, wie sich Spiele entwickeln.

Lernen ist eine der Haupttätigkeiten der Kinder bei freien Spielen: Schließlich begeben sie sich ja in die von ihnen erdachten Spielhandlungen, um bestimmte Fragestellungen zu bearbeiten und um bestimmte Erfahrungen zu machen. Sie spielen, weil sie einen unstillbaren Antrieb zum Lernen haben.

Nur ist es für uns nicht immer offensichtlich zu sehen, welches Lernfeld die Kinder gerade trainieren: In bewegten Tobe- und Laufspielen erproben die Kinder oft ihre motorischen Fähigkeiten. Rollenspiele wie „Vater-Mutter-Kind" dienen dazu, die täglich erlebten Abläufe des Miteinanders durch Nachspielen zu verstehen. In fiktionalen Rollenspielen wie „Piratenspielen" geht es unterschwellig oft um Mut, Stärke und die Bewältigung von Angst ebenso wie um die Auseinandersetzung mit Vorstellungen des Erwachsenseins.

Im Grunde lernen Kinder in den Spielen, die sie spielen, an ähnlichen Themenstellungen wie in vorbereiteten Angeboten. Es ist nur wesentlich sprunghafter und unsystematischer, wie sie dabei lernen, und deswegen kann man das Lernen auch nicht so gut verfolgen, als wenn man ein Angebot plant und durchführt. Das Lernen im Spiel hat aber demgegenüber einen unschlagbaren Vorteil: In geplanten Angeboten kann man versuchen, den Kindern ein Thema anzubieten, für das sie gerade bereit sind. Man kann versuchen, es so zu vermitteln, dass es nicht zu schwer für die jüngeren und nicht zu leicht für die weiter entwickelten Kinder ist. Beides klappt nicht immer. Wenn Kinder im Spiel auf dieses Thema kommen, sind sie dafür automatisch bereit, sonst hätten sie es ja nicht gewählt.

Ein häufiger Irrtum zuletzt: Freispiel bedeutet nicht, dass die Erzieherin nicht mitspielt. Im Gegenteil: Es ist wichtig, dass sie sich ab und zu ins Spiel begibt, Kinder auf Ideen bringt und jede Menge Spielvorschläge macht. Ließen wir die Kinder immer nur alleine spielen, könnte der Vorwurf, es sei verschwendete Zeit, irgendwann berechtigt sein. Wenn Pädagoginnen das Spiel beobachten und beim Mitspielen gezielt Ideen einbringen, die die Kinder weiterbringen, entsteht eine Lernsituation, die dem Lernen der Altersgruppe gerecht wird wie nichts Vergleichbares.

Sinnvolles Freispiel einerseits, andererseits die Zeiten, in denen Kinder sich selbst überlassen sind: Beides darf man nicht miteinander verwechseln. Letztere sind manchmal nicht zu vermeiden, wenn zu wenig Personal da ist. Gutes Freispiel dagegen braucht manchmal genauso viel Personal wie jedes andere Angebot, weil jemand mitspielen sollte, jemand anderes die Zeit zum Beobachten braucht.

Ich kriege mit, dass die Kinder oft alleine gelassen werden beim Spiel. Welche wichtigen Sachen haben die Erzieherinnen denn zu tun, die das rechtfertigen?

Eine ganze Menge solcher wichtigen Sachen haben die Pädagogen zu tun: Beobachtung, Planung, Entwicklungsberichte, Vorbereiten der Angebote. Immerhin haben sich das nicht die Pädagogen ausgedacht, dieses im Beisein der Kinder zu machen, sondern Bildungspolitiker, die Erzieherinnen anders als Lehrern keine kinderfreie Vorbereitungszeit gewähren. Und all diese Aufgaben gehören nach Ansicht aller Experten im In- und Ausland nun einmal zu einer modernen Form von Pädagogik dazu.

Aber ist das eigentlich wirklich bedauerlich? Kinder brauchen neben Zeiten, in denen ihr Spiel begleitet wird und Erzieherinnen etwas für sie und mit ihnen machen, natürlich auch Zeiten, in denen sie alleine spielen können. Jeder gute Kindergartentag bietet so viele Anstöße, Ideen für Kinder, an denen man im Laufe des Tages weiterarbeiten kann. Klar, dass morgens die Erzieherinnen dichter bei den Kindern sind als nachmittags, wenn diese im Spielfluss drin sind, wenn sie an den vielen Ideen, die sie am Tag zusammen entwickelt haben, weiterarbeiten, indem sie spielen.

Entscheidend ist in Situationen, in denen sich Erzieherinnen zurückziehen, dass die Kinder erstens verlässlich wissen, wer für sie zuständig ist und wo diejenige ist. Zweitens ist die Bedingung dafür, uns zeitweise zurückziehen zu können, dass wir mit den Kindern Regeln des Miteinanders eingeübt haben, die ihnen helfen, auch ohne direkte Einflussnahme Erwachsener gut miteinander klarzukommen. Diese Erfahrung, eigene Angelegenheiten selbstständig regeln zu können, ist so wichtig, dass Kinder, die immer nur unter dem gluckenhaften Blick ihrer Erzieherin stehen, im Nachteil sind.

Immer mehr Aufgaben für Erzieherinnen – ohne zeitliche Entlastung: Trotzdem kann die Erwartung, dass Erzieherinnen neue Aufgaben durch Rückzug aus der Betreuung erledigen können, nicht grenzenlos weiter getrieben werden. Bildungspolitikern fehlt leider oft die Sensibilität dafür, dass zusätzliche Arbeitsaufgaben auch zusätzliche Arbeitsstellen nach sich ziehen müssen. Obwohl es also aus unserer Sicht nicht schlimm ist, dass Erzieherinnen sich zeitweise für Schreib- und Planungsaufgaben zurückziehen, sollten wir die Eltern aktivieren, sich mit uns dafür einzusetzen, dass Erzieherinnen mehr Zeit für alle neuen Aufgaben zur Verfügung gestellt wird.

Erzieherinnen verbringen Zeit „am Kind“, also mit ihnen zusammen, außerdem aber auch Zeit „für das Kind“. Je mehr Zeit sie zum Planen – ohne direkte Interaktion mit den Kindern – haben, desto anspruchsvoller und gezielter können sie die Zeit mit den Kindern nutzen, um gute Spiele vorzuschlagen und qualifizierte Angebote durchzuführen. Diese Zeit fehlt den Kindern nicht, sondern kommt ihnen doppelt zugute.

Warum geht ihr nicht häufiger raus – mindestens einmal täglich?

Kinder brauchen viel Platz zum Toben: Tatsächlich ist es wichtig, dass sich Kinder so oft wie möglich in einem relativ grenzenlosen Raum bewegen können. Draußen stößt man mit seinem Bewegungsdrang nicht so schnell an Wände wie im Innenraum.

Trotzdem ist die Vorstellung mancher besorgter Eltern, eine der wichtigsten Aufgaben des Kindergartens und der Krippe sei es, mit Kindern so häufig wie möglich ins Freie zu gehen, hoffnungslos veraltet. Sie stammt wohl noch aus der Zeit enger, muffiger, nur mit staubigen Öfen zu heizender Räume: Um gute Luft im Raum zu haben, reicht regelmäßiges Lüften eigentlich aus. Anders als das heimische Kinderzimmer oder die Wohnung ist der Kindergarten eben speziell dafür eingerichtet, dass Kinder sich auch innen ausagieren können.

Vor allem: Die Frage suggeriert, dass Rausgehen in jeder Form, um jeden Preis wichtig ist. Tatsächlich aber sollte man beim Thema Rausgehen genau überlegen, welche zusätzlichen Handlungsmöglichkeiten und Erfahrungen das Ziel des Spaziergangs – und der Weg selbst – verschafft. Der kleine, den Kindern in- und auswendig bekannte Spielplatz an der Ecke mit Klettergerüst und Schaukel bietet den Kindern vermutlich wenige Möglichkeiten, neue Bewegungen zu erproben, interessante Dinge zu sehen, mit spannenden Materialien zu hantieren... Ja, es kann sinnvoll sein, den Eltern die folgende Erfahrung zu vermitteln: Draußen können sich Kinder, wenn die Spielmöglichkeiten ausgereizt sind, durchaus ziemlich langweilen und unterfordert fühlen.

Anders liegt die Sache beim Spaziergang in den Wald, beim Besuch interessanter Läden und Betriebe – oder beim Aufenthalt in einer spannend gestalteten Kindergarten-Außenspielfläche mit reichhaltigen Aktionsmöglichkeiten durch Außenspielmaterial und unterschiedlichste Aktionsbereiche.

Rausgehen ist wichtig, weil man da oft viel von der Welt sehen und sich ausagieren kann. Damit die Gänge nach draußen so erfahrungsreich enden, ist es aber wohl besser, so oft wie möglich richtig interessante Orte aufzusuchen, als täglich ein naheliegendes, aber ziemlich unbedeutendes Ziel anzustreben, nur um täglich „draußen gewesen zu sein".

Immer gibt es Streit beim Spielen. Müsste die Erzieherin nicht öfter lenkend eingreifen, damit der Streit erst gar nicht entsteht?

Der Eindruck trügt nicht: Während gelenkte Angebote durch die Anleitung der Erzieherin oft einen ruhigen, geordneten Charakter haben, wirken Zeiten des freien Spiels wesentlich unruhiger. Je jünger die Kinder, desto häufiger kommt es zu verbalen und körperlichen Auseinandersetzungen. Durchaus nachvollziehbar, dass erwachsene Zuschauer dies mit Sorge betrachten und denken: „Mir wäre das zu stressig!" Verständlich, dass sie nachfragen, ob man „dieses sinnlose Gerangel" nicht durch klare Regeln und häufiges Eingreifen vermeiden könnte.

Streiten verboten? So angenehm es vielleicht wäre, wenn es kein Gegeneinander, nur noch Miteinander unter Kindern gäbe: Konflikte kann man nicht lösen, indem man sie unterdrückt. Man muss im Gegenteil beim Streit lernen, wie man ihn zunehmend vermeiden kann! Kinder müssen sich sehr viel streiten, um dahinter zu kommen, wie Konflikte entstehen und wie man sie beilegen kann. Wer sich als Kind nicht streiten durfte, ist als Erwachsener nicht friedlicher, sondern blutiger Anfänger und wohl eher ungeübter Konfliktlöser. Kinder müssen also erfahren, dass sie sich streiten dürfen, dass Streit kein untragbares Fehlverhalten ist, sondern eben bei Alt und Jung dazugehört.

Einfach zulassen ist natürlich noch keine Lösung. Stattdessen gilt es, Kindern Regeln zu vermitteln, die ihnen in Streitsituationen helfen, Eskalationen zu vermeiden: Solche Regeln sollten das Verbot körperlicher Gewalt enthalten, wohl auch eine Vereinbarung, bestimmte Schimpfwörter nicht zu verwenden und Dinge des Anderen nicht zu zerstören. Es ist sinnvoll, Verhaltensweisen zu vermitteln, die man verwenden kann, um den Streit einseitig abzubrechen, etwa durch bestimmte Wörter oder das Hinausgehen.

Günstig ist es, nach dem Ende akuter Konflikte diese gemeinsam nachzubearbeiten, um nun die Ursachen zu klären. Dabei sollten Erwachsene objektiv auftreten, sich sachlich die Sichtweisen beider Kontrahenten schildern lassen, eine Wertung vermeiden und gemeinsam mit den Streithähnen nach Lösungen suchen, um ähnliche Konflikte fortan zu vermeiden.

Häufiges Streiten nervt, ist aber als Lernfeld unvermeidlich und ähnlich wie das Lernen eines Instruments: Auch beim Thema Konfliktverhalten gehören jahrelange Misstöne dazu, bis man die Klaviatur des Miteinander-Auskommens beherrscht.

Mathe-Fragen

Gehört Mathematik nicht in die Schule? Im Kindergartenalter sind Kinder doch noch nicht fähig, solche abstrakten Sachen zu verstehen?

„In der Schule lernt man lesen, schreiben und rechnen." So war es einmal – und so lebt in den Köpfen vieler Menschen fort: „Mathe ist kein Kindergartenthema, weil die Sache mit den Zahlen und Rechenzeichen viel zu abstrakt ist. Erst als Schulkind ist man dafür bereit!"

Wer so denkt, übersieht die eigentliche Mathematik hinter den Ziffern, die Zahlen bedeuten: Einen Begriff von der unterschiedlichen Größe von Mengen haben schon Krippenkinder. Dreijährige können, auch wenn sie spielerisch und variierend mit den Zahlbegriffen umgehen, durchaus sicher für fünf Kinder die erforderliche Menge Teller decken oder eine zutreffende Vermutung anstellen, wie viel Puddings von Fünfen noch übrig sind, wenn man zwei aufgegessen hat. Anzahlen sind nur ein Beispiel: Zum großen Thema Mathematik gehören noch viel mehr kindgemäße Inhalte wie Gewichte, Größen, Formen, überhaupt logische Bezüge zwischen den Dingen. Kleinkinder, die sich kategorisierend, ordnend den Dingen zuwenden und zu allem mit „Warum"-Fragen logische Bezüge erwarten, sind ganz schön oft Mathematiker an einem Tag.

„Liegt mir nicht!" Woran liegt es, dass wir das gerne übersehen? Viele Pädagogen mögen das Arbeiten mit Menschen, weil es so lebendig ist, und genauso instinktiv scheinen sie das Thema Mathe, diese völlig abstrakte Sache mit den Zahlen und Rechnungen, eher abzulehnen. „Daran bin ich schon in der Schule gescheitert", klagt manch einer, „Zahlen lösen bei mir Abwehr aus!" Woran lag es? Meistens ist die Sache mit der fehlenden Anschauung schuld, wenn aus der Beziehung Kind – Mathematik nichts wird: Weil Schüler oft vor Formeln und Gesetzen nicht erfahren, dass Mathe nur ein Versuch ist, die lebendige Welt mit Zahlen und Mengenbegriffen zu beschreiben. Weil sie den Bezug zum Leben, zum Anfassbaren, nicht entwickeln konnten. Genau deswegen passt Mathe so gut in den Kindergarten: Hier – wo sonst! – können Kinder Lernen, Handeln und Erfahren als Einheit erleben.

Um Mathe zu verstehen, braucht man gerade am Anfang Anschauung und Alltagsbezug. Lernen im Kindergarten besteht aus Anschauung und Alltagsbezug. Also wurzelt Mathe im Kindergarten.

Ich finde wichtig, dass sich der Kindergarten mit solchen Themen wie Mathe beschäftigt. Warum gibt es kein wöchentliches Angebot zum Thema Mathe?

Abstrakt wird eine Sache, wenn der Zusammenhang fehlt: Damit Kinder mathematische Fragestellungen begreifen können, müssen sie diese im Alltag erleben können, müssen erfahren, wie man mithilfe der Logik bei Alltagsfragen eine Lösung finden kann: Wie teilen wir den Kuchen gerecht auf? Also wäre es unsinnig, gezielte Mathe-Angebote zu planen und durchzuführen: Ohne Bezug zu einem alltäglichen Thema, ohne Anschauung, gilt eben tatsächlich: Zu abstrakt, nicht verstehbar für kleine – und oft auch größere – Kinder.

Statt der vielleicht erwünschten einen Stunde pro Woche entstehen aber, wenn man Mathematik im Alltagsbezug thematisiert, viele kurze und lange Momente für dieses Thema: Morgens im Kreis zehn Minuten dafür, den Kalender zu betrachten. Wer weiß, welche Zahl darauf ist, wie der Wochentag heißt? Um dann zu zählen, wer da ist: Sind wir alle da? Wie viele von uns fehlen, wie viele davon sind krank, wie viele im Urlaub? Wie können wir das auf unserer Tafel grafisch sichtbar machen? Bei der Obstpause gilt es, drei Äpfel gerecht unter 15 Kindern zu teilen: Wer hat eine Idee, wie man das machen könnte? Später, beim Tischdecken, müssen die Kinder, die Dienst haben, sich die richtige Zahl an Gabeln und Löffeln aus dem Schubfach holen. Schon viermal über ein mathematisches Problem nachgedacht, gesprochen, einen Lösungsweg erprobt und vorgestellt – ohne dass wir schon an gezielte Angebote gedacht haben. Es ist einfach, Situationen zu finden, bei denen wir über Mathematisches nachdenken können.

Mit den folgenden Grundsätzen werden aus diesen alltäglichen Mathe-Momenten interessante Lernsituationen:

Kinder beteiligen!

Die Voraussetzungen dafür sind eigentlich ganz einfach: Wir müssen die Kinder an der Gestaltung des Alltags beteiligen, müssen sie also an unseren mathematischen Alltagsaufgaben wie dem Teilen oder Ordnen teilhaben lassen.

Fragen finden und aufbereiten!

Gelegenheiten, um in mathematische Fragen einzutauchen, gibt es viele an einem Kitatag. Entscheidend ist aber, ob sie eher verstreichen – oder ob die Pädagogen sie am Schopfe packen: Komm, das untersuchen oder überprüfen wir jetzt! Wir müssen Kinder zum Nachdenken anregen, die Sache spannend und zum Rätsel machen. Müssen sie anstacheln, die Sache mit Zahl, Form und Menge als Rätsel zu begreifen, bei dem sie durch Pfiffigkeit Lösungen finden können.

Räume gestalten!

Nein, kein spezieller Matheraum ist vonnöten, eher ein komplettes Raumkonzept, bei dem eben auch an Mathe gedacht wurde: Als Mengen-Erfassungs-Materialien brauchen Kinder natürlich Balkenwaage, Personenwaage und Messbänder. Nachdenken über mathematische Fragestellungen im Alltag wird darüber hinaus gefördert, wenn wir alles Material in einer strukturierten Form anbieten: Dinge ähnlicher Form werden nach Größe oder Farbe sortiert angeboten. Auf Regalen und Schränken ist sichtbar vermerkt, was dort hingehört, am besten noch mit Anzahl: Hier gehören fünf Autos hin, weil die Ziffer dort klebt und fünf Punkte dazu, also beenden wir das Aufräumen erst, wenn fünf da sind.

Mathematik ist ein Prinzip, das die Welt der Dinge durchzieht. Deswegen finden wir mathematische Fragestellungen überall im Kindergartenalltag. Es kommt darauf an, dieses Potential aufzugreifen und die Kinder dafür zu interessieren.

Mal-Fragen

Malen ist ja eine schöne Sache für die Kinder – aber gibt es nicht Wichtigeres zu lernen? Wieso macht das schlau?

Wieso soll Malen schlau machen? Dass naturwissenschaftliche Angebote, Beschäftigung mit Zahlen und Buchstaben, eine frühe Begegnung mit einer Fremdsprache, Lernspiele und vieles andere das Kind auf späteres Lernen einstimmen, ist für Eltern gut zu verstehen: Es klingt so, als würde man den ersten Schritt auf einem langen Bildungsweg beschreiten. Aber das Malen, Bauen und Gestalten? Vielleicht liegt die geringe Wertigkeit, die dem in den Augen vieler Erwachsener zukommt, daran, dass wir so etwas höchstens als Freizeitgestaltung in Mußestunden tun: Macht Spaß, kann erfüllen, aber es gibt eben Wichtigeres.

Was wird dabei vergessen? Wieder einmal das Folgende: Kinder lernen anders als Erwachsene. Für sie hat auch das gestalterische Tun eine ganz andere Aufgabe als für Erwachsene: Dass Bildung etwas mit Bilder machen zu tun hat, ist hier noch gut zu erleben. Kinder machen sich von neuen Sachverhalten, von abstrakten Dingen ein Bild, indem sie eines – oder eher ganz viele – malen. Auf das Papier gebracht, verstehen sie Dinge, die sie erlebt und erfahren haben. Wenn Kindergartenkinder eine bunte Familienszene malen, dann ist es meistens nicht ihr Ziel, ein hübsches Bild für den Platz über dem Sofa herzustellen, sondern sie untersuchen die Beziehungen der dargestellten Personen. Wenn Oskar versucht, detailgenau einen Bagger zu malen, dann will er verstehen, wie der Bagger funktioniert.

Gerade auch das bisweilen belächelte Bauen der Kinder – mit Pappkartons, Steinen, Stöcken, in kleinem oder großem Maßstab – ist eigentlich eine viel effektivere Vorbereitung auf das spätere Berufsleben als der Englisch-Kurs im Kindergarten: Es mag den Kindern beim Bauen darum gehen, die Statik zu beherrschen, feste Verbindungen zu schaffen, ein großes Objekt nach ihren Vorstellungen und – meist ungezeichneten – Plänen zu verwirklichen. Beim Tun trainieren sie kooperative Fähigkeiten wie die Arbeitsteilung: Wer macht was wie, damit das Ergebnis stimmt?

„Plantsch doch nicht so rum, die Farbe bitte nicht anfassen, der Ton ist zum Bauen und nicht zum Spielen“: Auffällig gerne nutzen Kinder die Materialien im Atelier auch zu recht ziellos erscheinendem Tun. Sie vermengen Farbwasser, bis sich Farben zu braun mischen, statt damit zu malen. Wer das kritisiert, vergisst, dass die Kinder mit ihrem naturwissenschaftlichen Forscherdrang gerade im Atelier Materialien vorfinden, mit denen man einmal den Naturwundern auf den Grund gehen kann: Massen, mit denen viel möglich ist... Eigentlich hat vieles, was Kinder im Atelier oder in der Malecke tun, mehr mit Naturwissenschaft als mit Kunst zu tun.

Erwachsene Freizeitkünstler und kindliche Forscher mit dem Pinsel – vieles unterscheidet malende Kinder und malende Erwachsene voneinander. Eines eint sie: Die Freude über das Gefühl, etwas beim Tun entstehen zu lassen. Kreativsein ist nicht nur Bildung, sondern beinhaltet auch das Ziel der Bildung: Freude darüber, dass man etwas hervorbringen kann.

Viele Erwachsene müssen lernen, die Bilder ihrer Kinder als Auseinandersetzung mit der Welt zu verstehen, statt sie auf eine dekorative Funktion zu reduzieren. Bilder und Objekte zeigen, womit und wie intensiv ein Kind sich gerade bildend beschäftigt. Wir müssen Eltern zeigen, wie sie das an den Werken erkennen können, und gelingt uns das, verstehen sie um so besser, warum Malen schlau macht – und wichtiger ist als manch ein bemühter Kurs.

Verdammt! Der schöne Pulli voller Flecken! Können Sie die Kinder im Atelier nicht stärker anhalten, dass sie sich nicht total schmutzig machen?

Mal offen gesprochen: Dass Drei- oder Vierjährige beim Malen mit Pinsel und Farbtopf im Tun versinken und dennoch darauf achten, dass die Umgebung nicht verkleckst wird, ist eine unerreichbare Wunschvorstellung. Gerade weil Kinder – wie größere Menschen auch – beim Malen so gut in das kreative Tun abtauchen können, dürfen wir hier ein kontrolliertes, verantwortungsbewusstes Verhalten noch lange nicht erwarten. Meckern wir zuviel, weil plötzlich Tisch, T-Shirt und Tapete trotz des Versprechens, gut aufzupassen, immer bunter werden, gefährden wir die Freude des Kindes am Tun nachhaltig: Wer macht schon gerne etwas, für das er immer wieder ausgemeckert wird? Und wem macht es Spaß, bei lustvollen Tätigkeiten immer daran zu denken, was man alles verkehrt machen könnte?

Kinder brauchen Bekleidung beim Malen, bei der das Beschmutzen egal ist. Unser Ziel ist es, ihnen intensive Erfahrungen zu verschaffen. Darauf zu achten, dass man sich nicht schmutzig macht, mindert ganz eindeutig die Malfreude. Und es ist wenig effektiv: Kleine Kinder können dieses kaum steuern. Und wenn sie erst in einem Alter sind, wo sie Flecken auf der Bekleidung stören, wächst die Vorsicht – neben der dazu nötigen Geschicklichkeit – von selbst.

Gibt es denn mal wieder etwas zu sehen aus dem Atelier?

Jede Woche wird zweimal gemalt – und dennoch bleibt die Mappe manches Kindes ziemlich leer. Statt vorzeigbare Werke entstehen zu lassen, versinken viele Kinder zwar in der Auseinandersetzung mit Farbe, Pinsel, Papier, aber das Ergebnis ist flüchtig. „Mach doch nicht alles wieder kaputt!" Es ist für uns schwer zu ertragen, was kleine Kinder mit ihrem hoffnungsvoll begonnenen Bild machen: Immer neue Farben draufschmieren, bis alles nur noch eine graubraune Schicht ist. Das Bild falten und rollen, bis es zusammenklebt. Wie damit umgehen?

Kunstpädagogen sagen: Lasst die Kleinen ihre Bilder entstehen und vergehen lassen. Kinder unter drei, vier, fünf Jahren denken beim Malen nicht an das Produkt, sondern tun alles für den Prozess. Sie wollen beim Malen etwas erleben, wollen Veränderungen bewirken und erfahren. Wenn die Kinder genug Szenen auf ihrem immer weiter bemalten Blatt gesehen, genug mit der Farbe geplantscht haben, brauchen sie oft einen klaren Abschluss und der heißt dann: Bild falten, einrollen, zerknüllen – auch wenn wir das schade finden.

Das Atelier ist ein Ort der Auseinandersetzungen. Kinder setzen sich mit inneren Bildern auseinander, genauso auch mit eher naturwissenschaftlich inspirierten Fragen, wenn sie das Material austesten. Solche Auseinandersetzungen führen zu Verständnis, aber eben nicht immer zu einem sichtbaren, vorzeigbaren Ergebnis. Je besser wir den Eltern verständlich machen, was ihr Kind beim Malen untersucht und erfährt, desto weniger Bedeutung hat, dass nicht immer ein schönes Bild dabei entsteht.

Viele Kinder besuchen nach der Kita – oder an einzelnen Vormittagen – Kurse. Sollte ich mein Kind nicht jetzt für einen speziellen Musik- oder Tanzkurs anmelden, um besondere Interessen gezielt zu fördern?

Bildung braucht Bindung: Kinder lernen nicht aus sich heraus oder durch belehrende Erwachsene, sondern eignen sich Bildung im Zusammenspiel mit Freunden, mit größeren, kleineren und gleichaltrigen Kindern an. „Ko-Konstruktion" nennt man das: Gemeinsam machen sich Kinder ein Bild.

Kurse haben da immer einen Nachteil: Recht flüchtig ist der Kontakt zu den Anderen. Natürlich macht das Kind dennoch die Bewegungen beim Ballett mit, singt das Lied oder spricht im Kurs die englischen Wörter. Aber entscheidend ist bei Kindergartenkindern nicht, solchen interessanten Dingen einmal begegnet zu sein, sondern Zeit für das Wiederholen des Gelernten zu haben.

So spielerisch ein Kurs auch Inhalte vermitteln mag: Damit aus einmal Gehörtem oder Ausprobiertem dauerhaft Gelerntes wird, bedarf es einer langen Zeit des freien Spiels mit anderen Kindern zu diesem Thema. Das fällt aber flach, wenn der Kurs zu kurz ist – und die eigentlichen Spielpartner, nämlich die Kindergartengruppe, davon nichts wissen.

Ohnehin muss man sagen: Selten sind die Inhalte, die in gerade angesagten Kursen vermittelt werden, wirklich für die Kinder angemessene Bildungsziele. Da verwechseln Erwachsene oft, was für Kinder und eher für die Großen interessant ist: Das Kind zum Ballett oder zum Geigenunterricht zu schicken, damit es dort mit einer anspruchsvollen Sache gefordert wird – das klingt für Große logisch.

Die eigentlich aktuellen Themen für das Kind sind dagegen viel zu banal, um von den Eltern wahrgenommen zu werden: Statt jeden Mittwochnachmittag Spagat zu üben, ist es für Sara gerade viel wichtiger, mit ihren Freundinnen zusammen das Hüpfen auf einem Bein zu üben. Für diese selbst gewählte und in Eigenregie bearbeitete Aufgabe braucht sie Zeit und Mitspieler, nicht die Anleitung durch einen Kurs.

Zusatzkurse wären sinnvoll, wenn sie folgende Kriterien erfüllen würden: Es trifft dort eine vertraute Gruppe an Kindern zusammen, die so gut aufeinander eingestellt sind, dass sie zusammen spielend etwas herausfinden wollen. Die Themen und die Vermittlungsweise des Kurses beziehen sich immer auf den Alltag der Kinder und sind durch Beobachtung ermittelt worden. Weil beides in Kursen kaum umsetzbar ist, ist die Zeit im Kindergarten weitaus geeigneter, um Bildung zu erlangen.

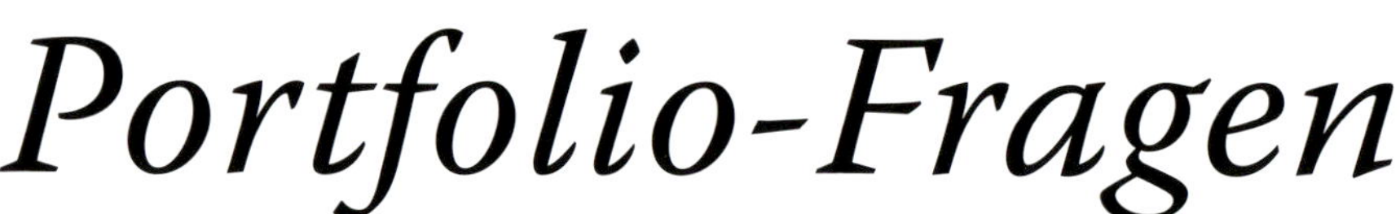

Portfolio-Fragen

Was unterscheidet Portfolios von einer normalen Entwicklungsdokumentation mit solchen Tabellen, bei denen geschaut wird, ob die Kinder altersgemäß entwickelt sind?

Den Unterschied macht vor allem die individuelle Ausrichtung. Der Abgleich mit einer Entwicklungstabelle macht automatisch Kinder, die unter dem Durchschnitt liegen, zu Problemfällen – aber wie alle Erfahrung zeigt, verläuft die Entwicklung von Kindern in plötzlichen Schüben und deswegen werden solche scheinbaren Defizite oft überraschend schnell wieder ausgeglichen. Was aber für solche Fälle wie für Kinder mit insgesamt deutlich langsamer verlaufener Entwicklung gilt: Wenn Kinder erst einmal von ihrer Umwelt als benachteiligt gesehen werden, überträgt sich diese Sorge der Erwachsenen schnell auf ihr Selbstwertgefühl. Folge: Die scheinbaren Problemfälle werden wirklich zu solchen, weil ihr Zutrauen zu sich selbst schwindet. Es ist deswegen gut, auf das ohnehin wenig aussagekräftige Vergleichen mit der Gruppe zu verzichten und lieber den individuellen Weg des Kindes zu betrachten, um ihm speziell Förderung zukommen zu lassen, falls nötig.

Das Gute am Portfolio ist: Im Gegenteil zu dem nur von der Erwachsenenseite vorgenommenen Einstufen und Vergleichen von Kindern bei der klassischen Entwicklungstabelle stehen die Kinder bei der positiven Form der Portfolioarbeit im Mittelpunkt. Alle freuen sich mit ihnen, wenn ein Schritt erreicht wurde, indem sie dies gemeinsam dokumentieren.

Potentiale erkennen, Stärken stärken, das Individuum sehen und nicht nur die Masse: Alle diese Ziele unterscheiden Portfolioarbeit von der Arbeit mit „klassischen" Entwicklungstabellen. Grundlegend anders ist auch, für wen die Entwicklung des Kindes verfolgt wird: Die Form des Portfolios erlaubt es Kindern und Eltern an der Entwicklungsdokumentation mitwirken und teilhaben zu können.

Schon wieder Elterngespräch – ist das so oft nötig? Wir sind doch mit allem zufrieden...

Eine Dienstleistung, die am besten still und zuvorkommend erledigt wird – so etwas ist vielleicht in der Wäscherei üblich, aber nicht in der Pädagogik. Sie braucht intensiven Austausch, nicht nur um die Wünsche der Eltern zu berücksichtigen, sondern eben auch, um das Kind von mehreren Seiten aus zu betrachten.

Es ist das gleiche Kind, das die Eltern zuhause erleben und die Erzieherinnen im Kindergarten: Gerade weil sich die Lebenswelten des Kindes, aber auch seine Verhaltensweisen hier und dort bisweilen deutlich unterscheiden, ist es wichtig, zur gemeinsamen Beratung so oft wie möglich zusammenzukommen. Erst dadurch können wir zwei Puzzleteile zusammenfügen und das Bild vom Kind ist komplett.

Die meisten Kinder empfinden es übrigens als ausgesprochen zufriedenstellend und ganz natürlich, wenn sich die Welten „Kindergarten" und „Familie" regelmäßig treffen und austauschen: Die sollen sich füreinander interessieren!

„Klassische" Elterngespräche, die entweder im Bedarfsfall da waren, um Probleme zu klären oder dem Äußern von allgemeinen Wünschen dienten, brauchten nicht häufig stattzufinden. Wenn es aber Grundlage unserer pädagogischen Arbeit ist, einen genauen Kenntnisstand über die Entwicklung und die Bedürfnisse des Kindes zu haben, um es auf dieser Basis gut fördern zu können, dann ist regelmäßiger Austausch Bedingung.

Was ist mit Vorschularbeit – ist es nicht gut, die Kinder auf die Schule vorzubereiten, auch an das Stillsitzen, konzentrierte Arbeiten, Melden?

Entwicklungsdokumentation dient dazu, Kinder individuell zu fördern. Während in den ersten Kindergartenjahren die Notwendigkeit einer individuellen Förderung von Eltern oft gar nicht so sehr gesehen wird, ändert sich das oft im Jahr vor der Einschulung: Wäre es jetzt nicht wichtig, den Besuch der Schule fördernd vorzubereiten?

Viele Eltern stellen sich unter „Vorschularbeit“ Angebote vor, die dazu dienen, Kindern den Schritt in den „Ernst des Lebens“, der mit dem Schuleintritt erwartet wird, durch spielerisches Üben und Trainieren zu vereinfachen. In der Praxis haben solche Angebote oft Inhalte wie die folgenden: Zusammensitzen am Tisch, Einüben des Meldens und stillen Arbeitens, Arbeiten an Arbeitsblättchen, Übungen zur Erweiterung des Zahlen- und Ziffernverständnisses, einfache Logik-Aufgaben. Ziel soll aus Elternsicht oft sein, ihren Kindern „einen guten Start zu verschaffen“, weil sie damit im Vergleich zu den anderen Kindern zumindest nicht zurückliegen – eine beängstigende Vorstellung.

Angst ist kein guter Ratgeber, erst recht nicht bei pädagogischen Fragen. Bei dieser Form von Schulvorbereitung wurden immer wieder grundlegende Umstände übersehen: Auf das Lernen in der Schule kann man kaum im Schnellkurs vorbereiten, sehr gut aber, indem man sich schon immer aktiv dem Erwerb neuen Wissens, neuer Kompetenzen zugewendet hat. Und in Bezug auf das Miteinander in der Gruppe gilt das gleiche: Wer im Kindergarten Zeit hatte, mit Anderen Dinge zu planen, zu besprechen und zu erarbeiten, der kommt auch in der Klassengemeinschaft gut klar, in der man sich in eine Gesamtheit einfügen muss.

Muss man das üben: Zusammensitzen, leise sein, sich artig melden? Heute gehören auch in der ersten Klasse Bewegung, Gruppenarbeit und Spiel dazu. Melden und Warten ist nichts, was man in anderem Zusammenhang einüben kann, aber es lernt sich sehr schnell in der neuen Situation der Klasse.

Fragen wir zurück: Wer glaubt denn, der Kindergarten wäre bisher ohne Regeln, um sich nicht über den Mund zu fahren, ohne Sitzen und Zuhören, ohne Warten, bis man dran ist, ausgekommen? Auch in guten Projekten der Kita und im Morgenkreis gehörte so etwas immer dazu, oder?

Was könnten die Eltern noch im Kopf haben? Schwungübungen als Grundlage für das Schreiben? Einfache Zählübungen? Gute Pädagogen trainieren das alles und noch viel mehr, aber eben in Kindergartenkind-gerechter Form, nämlich innerhalb von Projekten. Die Neugier der Kinder auf die Schule auszunutzen, um sie zum recht sinnfrei erscheinenden Blättchenausfüllen zu bewegen, ist nicht kindgerecht – und spätestens, wenn das Ausfüllen des Blättchens zu anstrengend oder langweilig wird, kann aus Vorfreude eine Vor-Unlust werden.

Es ist gut und alternativlos – aufgrund der Tatsache, dass die Bildungsprogramme der Länder das fordern – das Lernen in der Schule vorzubereiten. Aber heute weiß man, dass die beste Vorbereitung eine altersgemäße Beschäftigung mit all den Fachgebieten ist, die in der Schule in Form von Fächern unterrichtet werden: Inhalte aus Mathe, Zeichnen, Buchstaben, Sachunterricht sollen sich in der ganzen Kindergartenzeit durch die Bildungsarbeit ziehen. Wenn heute die Vorschularbeit von früher wegfällt, ist das ein Gewinn: Früher wurde oft sinnlos auf die Organisation des Alltags in der Klasse mit Sitz- und Zuhörzwang vorbereitet, wiewohl man das vor Ort besser lernt. Die inhaltliche Vorbereitung – indem man sich mutig allen interessanten Wissensgebieten zuwendet – wurde schlichtweg oft vergessen.

Immer loben, loben, loben – mag ja wichtig sein. Aber werden Kinder dadurch nicht auch unkritisch und bequem? Muss man nicht auch ansprechen, was noch nicht klappt?

Kleine Kinder brauchen ganz viel Lob, während Ältere durch einen Rüffel ab und zu durchaus gut angestachelt werden können: Entwicklungspsychologen haben tatsächlich durch Hirnstrom-Messungen festgestellt, dass bei Kindern unter zehn Jahren Lob dazu führte, dass diese ihre Leistungen messbar verbessern wollten, während Kritik ihre Energie nicht steigerte. Jugendliche und Erwachsene hingegen zeigten eher bei Kritik gesteigerte Hirnaktivität, die darauf hinweist, dass sie nun ihre Handlung verbessern wollten, während nun Lob vergleichsweise wenig bewirkte.

Portfolios im Kindergarten basieren genau auf diesem Gedanken: Sie machen Erfolge des Kindes sichtbar, um es dazu zu motivieren, sich aktiv und mutig weiterzuentwickeln. Das klappt nicht nur auf dem Papier der Portfolioseiten: Wenn kleine Kinder erst einmal das (berechtigte) Gefühl haben, eine Sache besonders gut zu können, widmen sie sich dieser Tätigkeit voller Energie. „Du hast schon wieder nicht aufgeräumt, du verschlamperst einfach alles!“ oder „Du kannst toll aufräumen! Komm, hilf mir dabei!“ – welcher Satz löst mehr Energie zum Aufräumen aus?

Viel Lob = viel Energie, viel Kritik = wenig Energie für Verbesserungen: Wenn wir bei kleinen Kindern erreichen wollen, dass sie bestimmte Leistungen vollbringen, sich mutig bestimmten Aufgaben widmen oder bestimmte Verhaltensweisen ablegen, führt kein Weg daran vorbei, sie für das Gute üppig zu loben.

Sprach-Fragen

Was ist mit Sprachförderung über das hinaus, was im Alltag sowieso geschieht – da gibt es doch so viele tolle Spiele und Materialien? Muss der Kindergarten da nichts tun?

Einer der wichtigsten Grundsätze in puncto „Lernen" ist: Am besten lernt es sich immer in dem Zusammenhang, in dem man das Gelernte braucht und anwenden kann. Fremdsprachen lernt man im Ausland viel schneller als im Kurs, und richtiges Autofahren im Straßenverkehr würde man auf dem Verkehrsübungsplatz niemals erlernen.

Deswegen könnte man sagen: Die Basis für das Sprachlernen ist Beziehung. Sprachlernen ist eine Beziehungstat. Das merkt man gerade dann, wenn Kinder plötzlich Formulierungen oder auch besonders kesse Schimpfwörter von uns übernehmen: Sprache wird kopiert, imitiert, wird so verwendet, wie es die größeren Vorbilder der Kinder vorgemacht haben.

Wer Sprache ernten will, muss also vor allem Beziehung säen: Eine Beziehung, in der man miteinander redet, etwas unternimmt, über das man sich verständigt. Man muss Raum bieten, in dem sich die Beziehung ausleben kann, wo Platz für Worte ist.

Integration und Beteiligung am Gemeinschaftsleben bedeuten wesentlich mehr Sprachförderung, als in einer Ecke des Raumes mit einzelnen Kindern mithilfe von didaktischem Material Sprachübungen zu machen. Und auch die täglichen fünf Minuten Sprachtraining werden unnötig, wenn es Erzieherinnen gelingt, mit allen Kindern eine gute Beziehung zu leben und deswegen viel miteinander zu sprechen.

Wenn die Kinder Sachen falsch aussprechen – muss man das nicht korrigieren, damit sie sich nicht an das Falsche gewöhnen?

Bei jedem grundlegenden Lernprozess beginnt man mit vielen Fehlern, um dann Schritt für Schritt immer besser zu werden. Die Vorstellung, man dürfe nur ja nichts Falsches lernen, um es dann richtig zu machen, war nicht nur beim Spracherwerb, sondern auch beispielsweise beim Schreiblernprozess weit verbreitet – aber sie ist längst widerlegt. Wäre auch seltsam: Wenn sie stimmen würde, könnte man etwa das Laufen niemals erlernen. Schließlich versucht man hier zuerst völlig fehlerhaft durch Krabbeln weiterzukommen.

Weiterkommen ist das entscheidende Stichwort: Entscheidender bei der Frage, ob ein Lernprozess Erfolg hat, ist die Sache mit der Motivation. Sie steigt dadurch, dass man mit der neuen Kompetenz immer mehr Sachen machen kann, die vorher nicht gingen: Mit den ersten Worten kann man grundlegende Wünsche kundtun, mit immer besserer Sprachkompetenz kann man sich argumentierend gegen andere zur Wehr setzen und komplizierte Sachen erzählen. „Ich kann jetzt was erzählen, und die anderen hören gespannt zu!“ – so etwas motiviert.

Motivationskiller Nr. 1 ist dagegen der Dämpfer, den man spürt, wenn Ältere nicht den Inhalt in den Vordergrund stellen, sondern nur auf die Form achten: Egal, was ich genau gesagt habe – zuerst bekomme ich zu hören, was nicht richtig ausgedrückt war... Bei Erwachsenen würde man solches Verhalten als taktlos bezeichnen. Warum nicht auch bei Kindern? Insgesamt gilt: Bei einer so elementaren Sache wie dem Sprechen niemals Fehler deutlich korrigieren – höchstens durch scheinbar zufällige Wiederholung mit Verwendung der richtigen Formulierung („Ich habe getrinkt“ – „Oh, was hast du denn getrunken?“).

Kann man sich denn falsche Aussprachen und unzureichende Grammatik angewöhnen? Theoretisch könnte das passieren, wenn die Kinder keine besseren Sprachvorbilder erleben würden – an denen sie sich automatisch orientieren! Eltern wie Pädagogen sind Sprachvorbilder – und müssen sich dieser Verantwortung auch bewusst sein. Von uns schauen Kinder ab, wie man sich gut, gewitzt, richtig ausdrückt.

Vorbild sein geht vor Korrigieren. Kinder haben beim Sprechen wie bei allen anderen Lerngebieten das Recht, Dinge aus unserer Sicht unzureichend, eben falsch zu machen. Unsere Aufgabe ist es, ihre Motivation zum Richtig-Machen aufrechtzuerhalten, indem wir, statt zu korrigieren, als nachahmenswertes Vorbild auftreten.

Autor und Herausgeberin

Antje Bostelmann

Michael Fink

Michael Fink

Michael Fink hat an der Universität der Künste Berlin Bildende Kunst auf Lehramt studiert. Nach mehrjähriger Tätigkeit an einer Grundschule begann er seine mittlerweile langjährige Zusammenarbeit mit KLAX, entwickelte dort mit und für Kolleginnen aus der Praxis Konzepte für die Arbeit in Kinderateliers, die Portfolioarbeit, die Krippenarbeit und das Qualitätsmanagement. Michael Fink hat an vielen der KLAX-Veröffentlichungen als Autor mitgewirkt, eigene kunstpädagogische Bücher und zahlreiche Fachartikel verfasst. Sein Anliegen ist es immer, mit anschaulichen Texten neue Ideen für die Praxis nutzbar zu machen, um so die Pädagogik im Sinne der Kinder zu verändern. Michael Fink gibt sein Wissen auch in Fortbildungen weiter, ist Vater von drei Töchtern und lebt in Berlin.

Antje Bostelmann

Antje Bostelmann ist ausgebildete Erzieherin und bildende Künstlerin. 1990 gründete sie KLAX, anfangs als private Malschule und Nachmittagsbetreuung mit künstlerischem Schwerpunkt, heute ein überregionaler Bildungsträger mit Krippen, Kindergärten und Schulen in Deutschland und Schweden. Sie entwickelte die KLAX-Pädagogik, ein modernes pädagogisches Konzept, welches das Kind in den Mittelpunkt der pädagogischen Arbeit stellt und das allen KLAX-Einrichtungen zu Grunde liegt. Als Erfinderin der KLAX-Pädagogik ist sie maßgeblich an der Etablierung der Portfolioarbeit und dem selbstorganisierten Lernen in Deutschland beteiligt. Dabei engagiert sie sich für einen europaweiten pädagogischen Austausch und für die Umsetzung der von der UN in der Welt-Dekade „Bildung für nachhaltige Entwicklung“ ausgerufenen Inhalte. Sie entwickelt Lern- und Spielmaterialien für die Arbeit in Kindergarten und Krippe. Seit 1995 hat sie zahlreiche pädagogische Fachbücher veröffentlicht, darunter viele Bestseller. 2008 wurden sie und ihr Autorenteam vom Verlag an der Ruhr zum Autorenteam des Jahres gewählt.
Antje Bostelmann liegt nicht nur das Wohl der Kinder am Herzen, sondern auch das ihrer Mitarbeiter. Das findet bundesweit Anerkennung, wie zum Beispiel die Top-Job-Auszeichnungen 2005 und 2010 beweisen. Antje Bostelmann ist Mutter von 3 Kindern und lebt in Berlin.

Die KLAX-Gruppe

Stets über die Bedürfnisse von Kindern und Familien nachdenkend, hat KLAX sich vom Kindergartenträger zu einem international agierenden Bildungsunternehmen entwickelt. Wer einen Kindergarten betreibt, muss auch die Ernährung im Blick haben. Deshalb gehört zur KLAX-Gruppe neben Krippen, Kindergärten und Schulen auch ein Cateringunternehmen. Da Pädagogen selbst ständig lernen müssen, hat KLAX ein Aus- und Fortbildungsinstitut unter eigenem Dach. Krippenkinder brauchen in naher Zukunft Ausbildungsplätze. Deshalb hat KLAX eine Fachschule für Erzieher und Sozialassistenten ins Leben gerufen. Die KLAX-Pädagogik ist in der europäischen Fachwelt eine feste Größe. Das durchgängige Bildungssystem von der Krippe bis zur Erwachsenenbildung stößt auf internationale Anerkennung. KLAX ist Vorreiter in der Entwicklung pädagogischer Methoden und Umsetzungskonzepte. Der neu gegründete Verlag Bananenblau als jüngstes Mitglied der KLAX-Gruppe veröffentlicht pädagogische Fachliteratur.

Weitere Publikationen

Bambusbären-Blues und Regenbogen-Rumba
herausgegeben von
Stefan Krüger,
Antje Bostelmann
96 Seiten
Bananenblau 2010
ISBN 978-3-942334-04-4

Bananenblau und Himbeergrün
herausgegeben von
Antje Bostelmann,
Heiko Mattschull
144 Seiten
Bananenblau 2010
ISBN 978-3-942334-05-1

Controlling in Kindertageseinrichtungen
herausgegeben von
Antje Bostelmann
112 Seiten
Bananenblau 2010
ISBN 978-3-942334-06-8

Der sichere Weg zur Qualität
herausgegeben von
Antje Bostelmann,
Thomas Metze
167 Seiten
Bananenblau 2010
ISBN 978-3-942334-07-5

Mein Logbuch – Mein Planer für selbstorganisiertes Lernen
herausgegeben von
Antje Bostelmann
Bananenblau 2010
ISBN 978-3-942334-10-5

My Logbook – My organiser for self-organised learning
herausgegeben von
Antje Bostelmann
Bananenblau 2010
ISBN 978-3-942334-11-2

Rauchzeichen und Regentänze
herausgegeben von
Antje Bostelmann,
Thomas Metze
164 Seiten
Bananenblau 2010
ISBN 978-3-942334-08-2

Stufenblätter für die Krippe
herausgegeben von
Antje Bostelmann
Bananenblau 2010
ISBN 978-3-942334-01-3

Stufenblätter für Kita und Kindergarten
herausgegeben von
Antje Bostelmann
Bananenblau 2010
ISBN 978-3-942334-02-0

Zauberschwert und Computerschrott
herausgegeben von
Antje Bostelmann,
Michael Fink
96 Seiten
Bananenblau 2010
ISBN 978-3-942334-09-9

Zwischen Himmel und Erde
herausgegeben von
Antje Bostelmann,
Thomas Metze
96 Seiten
Bananenblau 2010
ISBN 978-3-942334-03-7

Guten Morgen, guten Morgen, wir winken uns zu!
herausgegeben von
Antje Bostelmann,
Friderike Bostelmann
Verlag an der Ruhr 2010
ISBN 978-3-8346-0604-4

Krippenarbeit Live!
herausgegeben von
Antje Bostelmann
60 Seiten
Begleitheft und DVD
Verlag an der Ruhr 2010
ISBN 978-3-8346-0599-3

Spielen mit Kindern unter 3
herausgegeben von
Antje Bostelmann
104 Seiten
Verlag an der Ruhr 2009
ISBN 978-3-8346-0603-7

Lotta badet
herausgegeben von
Antje Bostelmann,
Friderike Bostelmann
16 Seiten
Verlag an der Ruhr 2009
ISBN 978-3-8346-0533-7

Lotta in der Krippe
herausgegeben von
Antje Bostelmann,
Friderike Bostelmann
16 Seiten
Verlag an der Ruhr 2009
ISBN 978-3-8346-0532-0

Emil macht Essen
herausgegeben von
Antje Bostelmann,
Benjamin Bell
16 Seiten
Verlag an der Ruhr 2009
ISBN 978-3-8346-0530-6

Emil auf dem Spielplatz
herausgegeben von
Antje Bostelmann,
Benjamin Bell
16 Seiten
Verlag an der Ruhr 2009
ISBN 978-3-8346-0531-3

Jederzeit Mathezeit!
herausgegeben von
Antje Bostelmann
113 Seiten
Verlag an der Ruhr 2009
ISBN 978-3-8346-0477-4

Jeder Tag ist Sprachlerntag!
herausgegeben von
Antje Bostelmann
96 Seiten
Verlag an der Ruhr 2009
ISBN 978-3-8346-0476-7

Geschichtensäckchen
herausgegeben von
Antje Bostelmann
95 Seiten
Verlag an der Ruhr 2009
ISBN 978-3-8346-0475-0

So gelingen Portfolios in der Krippe
herausgegeben von
Antje Bostelmann
72 Seiten
Verlag an der Ruhr 2009
ISBN 978-3-8346-0466-8

Praxisbuch Krippenarbeit
herausgegeben von
Antje Bostelmann
122 Seiten
Verlag an der Ruhr 2008
ISBN 978-3-8346-0353-1

Das Portfolio-Konzept für die Krippe
herausgegeben von
Antje Bostelmann
112 Seiten
Verlag an der Ruhr 2008
ISBN 978-3-8346-0413-2

Achtung Eltern! im Kindergarten
herausgegeben von
Antje Bostelmann
128 Seiten
Verlag an der Ruhr 2007
ISBN 978-3-8346-0344-9

Achtung Eltern! in der Grundschule
herausgegeben von
Antje Bostelmann
129 Seiten
Verlag an der Ruhr 2007
ISBN 978-3-8346-0310-4

Bildungsabenteuer Kindergarten
Lernen in den 6 Bildungsbereichen
herausgegeben von
Antje Bostelmann
114 Seiten
Verlag an der Ruhr 2007
ISBN 978-3-8346-0246-6

Das Portfolio-Konzept für Kita und Kindergarten
herausgegeben von
Antje Bostelmann
122 Seiten
Verlag an der Ruhr 2007
ISBN 978-3-8346-0199-5

So gelingen Portfolios in Kita und Kindergarten
herausgegeben von
Antje Bostelmann
72 Seiten
Verlag an der Ruhr 2007
ISBN 978-3-8346-0322-7

Das Portfolio-Konzept in der Grundschule
herausgegeben von
Antje Bostelmann
110 Seiten
Verlag an der Ruhr 2006
ISBN 978-3-8346-0137-7